Defiéndete en **INGLÉS**

Ratmiroff - Bornn Language Learning

Autores: Andrea Ratmiroff - Carlos Bornn
Ediciones PEEV, C.A.
Caracas, 2010

Autores: Andrea Ratmiroff y Carlos Bornn
Ilustraciones: Roberto León
Diseño gráfico: Pedro Jaime

Depósito legal No. LF25220094282210
Número internacional normalizado para libros:
ISBN: 978-980-12-3859-1

Impreso en Venezuela por Intenso Offset

Distribución y comercialización:
(58-212) 516.7799 – (58-414) 321.5503
Caracas, Venezuela

defiendete.en.idiomas@gmail.com

Índice

Introducción

¡Bienvenido! Este libro te ayudará a defenderte en el idioma inglés, aprendiendo una serie de frases que se emplean en conversaciones de todos los días. Es una manera muy natural de aprender; es prácticamente como los niños aprenden su idioma materno, y muchos inmigrantes que llegan a países de habla inglesa aprenden el idioma a través de la interacción del día a día, utilizando las mismas frases que están plasmadas en las páginas de este libro.

Igualmente encontrarás un CD de audio, adjunto a la contraportada, donde están las pronunciaciones de todas las frases del libro, de manera que puedas estudiar y repasar mientras desarrollas cualquier actividad que te permita escuchar el CD. Las frases han sido grabadas por nativos del idioma.

Pronunciación

Para exponer la pronunciación de la lengua inglesa nos hemos basado en el español, sin embargo existen diferencias importantes, de las cuales exponemos sólo su relevancia más práctica, sin profundizar, de manera de agilizar el aprendizaje. En el libro, al lado de cada frase se presenta la pronunciación como sería leída por un hispano-hablante, con las observaciones que a continuación detallamos:

1) En varias ocasiones en inglés se da el caso de vocales silentes en una sílaba. Esto nunca ocurre en español. Ante este fenómeno, simplemente hemos omitido la letra. Por ejemplo, de la palabra "hurt" (herido), se pronuncian sólo sus consonantes *jrt*, y la palabra "little" (pequeño), se pronuncia sin la "e" final *lí-tl*.

2) La letra "a" en inglés, entre otros sonidos, tiene un sonido no tan abierto que se puede comparar a la combinación en español "ae". Este sonido lo hemos representado con el símbolo "*ä*"; por ejemplo, la palabra "man" (hombre) se pronuncia con este sonido: *män*.

3) La vocal "i" tiene 2 pronunciaciones diferentes en inglés. Cuando colocamos una sola "i" nos referimos a una "i" abierta y corta, tendiendo un poco a la letra "e" del español, por ejemplo "in" (dentro), pronunciado *in*. El otro sonido de la "i" en inglés es como si hubiera una doble "ii" en español, es decir un sonido más cerrado; por ejemplo, la palabra "free" (libre) pronunciada *frii*.

4) Hay un sonido de la letra "o" en inglés que se puede comparar a la combinación en español "ao". Este sonido se puede lograr recordando la primera sílaba de "causa". Se encuentra en palabras como: on (encendido), hot (caliente), car (carro); el cual hemos representado como *ö*, por lo tanto estas tres pronunciaciones son escritas *ön*, *jöt* y *cör*.

5) La letra "r" no es pronunciada como en español con una vibración de la punta de la lengua hacia arriba y hacia abajo, sino pronunciada colocando la base de la lengua hacia atrás sin interrumpir el paso del aire, haciendo un sonido parecido a un gruñido.

Este sonido no existe en español. Todas las letras "r" son pronunciadas en inglés de esta manera; por ejemplo, "red" (rojo).

6) Existe una pronunciación de las letras "u" y "o" en inglés que se parece al sonido de la exclamación "¡ah!" en español. Este sonido lo hemos representado con una *"A"* mayúscula. Por ejemplo las palabras "up" (arriba) y "Monday" (lunes) son pronunciadas *Ap* y *mAndei*, respectivamente.

7) En varias oportunidades colocamos una "z" en la pronunciación. Esto indica que debe pronunciarse como la "z" que pronuncian los españoles, es decir, el sonido que se produce con el paso del aire cuando la lengua entre los dientes superiores e inferiores deja un paso muy estrecho. Por ejemplo la palabra "think" (pensar) se pronuncia *zink* con la "z", a diferencia de "sink" (hundirse) que se pronuncia con "s". Para expresarse de manera clara, es necesario hacer énfasis en esta diferencia.

8) Cada vez que aparezca la letra "y" en la pronunciación debe utilizarse como en la palabra "ya" y no como en la palabra "hoy".

¡Suerte y… comencemos!

Frases básicas

Sí	Yes	*(iés)*
No	No	*(nóu)*
Por favor	Please	*(pliis)*
Gracias	Thank you	*(zänk iú)*
De nada	You're welcome	*(iór uél-kAm)*
Buenos días	Good morning	*(gud mór-ning)*
Buenas tardes	Good afternoon	*(gud af-ter-nún)*
Buenas noches (saludo)	Good evening	*(gud ív-ning)*
Buenas noches (para dormir)	Good night	*(gud náit)*
Adiós	Goodbye	*(gud-bái)*

Hasta luego	See you later	*(sii iú léi-tr)*
Hasta mañana	See you tomorrow	*(sii iú tu-mö-rou)*
Hasta pronto	See you soon	*(sii iú sun)*
¿Qué?	What?	*(uát?)*
¿Dónde?	Where?	*(uér?)*

¿Cuándo?	When?	*(uén?)*
¿Cómo?	How?	*(jáo?)*
¿Por qué?	Why?	*(uái?)*
¿Quién?	Who?	*(ju?)*
Aquí	Here	*(jiir)*
Allá	There	*(der)*
Éste	This	*(dis)*
Aquél	That	*(dät)*
Éstos	These	*(díis)*
Aquéllos	Those	*(dóus)*
Yo	I	*(ái)*
Tú	You	*(iú)*
Él	He	*(jii)*

Ella	She	*(shii)*
Nosotros	We	*(uí)*
Ustedes	You	*(iú)*
Ellos	They	*(déi)*
Si (condicional)	If	*(if)*
Pero	But	*(bAt)*
Porque	Because	*(bi-kAs)*
Puede ser	Maybe	*(méi-bi)*
¿Dónde está el baño?	Where is the bathroom?	*(uér is dA báz-rum?)*

A la derecha	To the right	*(tu dA ráit)*
A la izquierda	To the left	*(tu dA left)*
Con permiso	Excuse me	*(ex-kiús mii)*
¿Has visto a José?	Have you seen José?	*(jäv iú siin Jo-sé?)*
Sí, lo vi	Yes, I saw him	*(iés, ái sö jim)*

Escúchame	Listen to me	*(lí-sen tu mii)*
¿Qué es esto?	What is this?	*(uát is dis?)*
¿Cómo se llama esto?	What is this called?	*(uát is dis köld?)*
¿Cómo se pronuncia esto?	How do you pronounce this?	*(jáo du iú prA-näuns dis?)*
Tengo una pregunta	I have a question	*(ái jäv A kués-chAn)*
Yo quisiera…	I would like to…	*(ái wúd láik tu…)*
Yo no quisiera…	I wouldn't like to…	*(ái wú-dent láik tu…)*
Escuchar	Hear	*(jiir)*
Ver - Mirar	See	*(sii)*
Tocar	Touch	*(tAch)*
Entrar	Come in	*(kAm in)*
Salir	Go out	*(góu áut)*

¿Entiende?	Do you understand?	*(du iú An-dr-ständ?)*
Lo sé	I know	*(ái nóu)*
No lo sé	I don't know	*(ái dóunt nóu)*
Por favor, explique	Please, explain	*(pliis, ex-pléin)*
Es fácil	It's easy	*(its íi-sii)*

Es difícil	It's difficult	*(its dí-fi-kAlt)*
Dígame	Tell me	*(tel mii)*
Lo olvidé	I forgot	*(ái for-göt)*
Lo recuerdo	I remember	*(ái ri-mém-br)*
¿Qué dijo Ud.?	What did you say?	*(uát did iú séi?)*
¿Puede repetir?	Could you repeat?	*(kud iú ri-piít?)*
¿Podría hablar más despacio?	Could you speak slower?	*(kud iú spiik slóu-r?)*
Entiendo	I understand	*(ái An-dr-ständ)*
Entiendo un poquito	I understand a little bit	*(ái An-dr-ständ A lí-tl bit)*
No entiendo	I don't understand	*(ái dóunt An-dr-ständ)*

Hablo poco inglés	I speak a little English	*(ái spiik A lí-tl ín-glish)*
¿Habla español?	Do you speak Spanish?	*(du iú spiik spä-nish?)*
Me defiendo más o menos	I speak so-so	*(ái spiik sóu-sóu)*
No sé casi nada	I know almost nothing	*(ái nóu öl-moust nA-zing)*
¿Perdón?	Excuse me?	*(ex-kiús mii)*
Estoy de acuerdo	I agree	*(ái A-gríi)*

No estoy de acuerdo	I don't agree	*(ái dóunt A-gríi)*
Hoy	Today	*(tu-déi)*
Mañana	Tomorrow	*(tu-mö-rou)*
Ayer	Yesterday	*(iés-tr-dei)*
El próximo lunes	Next Monday	*(next mAn-dei)*
El martes pasado	Last Tuesday	*(last tiús-dei)*
El mes que viene	Next month	*(next mAnz)*
El año pasado	Last year	*(last iir)*
Hace cinco semanas	Five weeks ago	*(fáiv uíiks A-góu)*
Casi	Almost	*(öl-moust)*
Igual	Same	*(séim)*
A menudo	Often	*(ö-fen)*

De vez en cuando	Sometimes	*(sAm-táims)*
Rara vez	Seldom	*(sél-dAm)*
Pronto	Soon	*(sun)*
¿Qué hora es?	What time is it?	*(uat táim is it?)*

Son las 3:00 en punto   It's 3:00 o'clock   *(its zrii ou-klök)*

Son las 12:10   It's 12:10   *(its tuélv ten)*

Es la 1:00 menos cuarto   It's a quarter to 1:00   *(its A kuó-tr tu uán)*

¿Qué fecha es hoy?   What date is it today?   *(uát déit is it tu-déi?)*

Hoy es martes, 5 de marzo   Today is Tuesday, March the fifth   *(tu-déi is tiús-dei, mörch dA fifz)*

(Una lista de los días de la semana y otra de los meses del año pueden encontrarse en los apéndices 3 y 4 de este libro, en las páginas 87 y 88)

Conociendo personas

¡Hola!	Hello! - Hi!	*(je-lóu! - jái!)*
Mucho gusto	Nice to meet you	*(náis tu miit iú)*
¿Cómo está?	How are you.	*(jáo ar iú?)*
Muy bien ¿y Ud.?	Fine and you?	*(fáin änd iú?)*
¿Cómo se llama Ud.?	What is your name?	*(uát is iór néim?)*
Me llamo José	My name is José	*(mái néim is Jo-sé)*
¿Dónde vive?	Where do you live?	*(uér du iú liv?)*
¿Es Ud. de aquí?	Are you from here?	*(ar iú frAm jiir?)*
¿De qué país es?	What country are you from?	*(uát kAn-chri ar iú frAm?)*

Vengo de…	I'm from…	*(áim frAm…)*
Yo nací en…	I was born in…	*(ái wAs born in…)*
¿Cuántos años tiene?	How old are you?	*(jáo old ar iú?)*
Tengo treinta años	I'm thirty years old	*(áim zr-ti iirs old)*
Bienvenido	Welcome	*(uél-kAm)*
Vine por trabajo	I came for business	*(ái kéim for bís-nes)*
¿En qué trabaja?	What do you do for a living?	*(uát du iú du for A lí-ving?)*
Yo también	Me too	*(mii tu)*
Es la primera vez que vengo	This is my first time here	*(dis is mái frst táim jiir)*
Estoy de paso	I'm passing by	*(áim pá-sing bái)*
Estoy de vacaciones	I'm on vacation	*(áim ön vA-kéi-shAn)*

Me gusta mucho…   I like… very much   *(ái láik… vé-ri mAch)*

Me gustaría…   I would like…   *(ái wúd láik…)*

Siento llegar tarde   I'm sorry I'm late   *(áim sö-rii áim léit)*

Estoy apurado	I'm in a hurry	*(áim in A jr-rii)*
No tengo prisa	I'm not in a hurry	*(áim nöt in A jr-rii)*
¿Qué clima se pronostica para mañana?	What is the forecast for tomorrow's weather?	*(uát is dA fór-käst for tu-mö-rous ué-dr?)*
Va a haber buen tiempo	There's going to be nice weather	*(ders góu-ing tu bii náis ué-dr)*
Va a haber mal tiempo	There's going to be bad weather	*(ders góu-ing tu bii bad ué-dr)*

En el aeropuerto

Aeropuerto	Airport	*(ér-port)*
Salidas	Departures	*(di-pör-chrs)*
Llegadas	Arrivals	*(A-rái-vAls)*
¿Dónde puedo comprar boletos?	Where can I buy tickets?	*(uér kän ái bái tí-kets?)*
¿Cuánto cuesta un boleto a...?	How much is a ticket to...?	*(jáo mAch is A tí-ket tu...?)*
Horarios	Schedule	*(ské-yu-Al)*
¿Quedan cupos para...?	Are there still seats to...?	*(ar der stil siits tu...?)*
¿Cuánto dura el viaje?	How long is the trip?	*(jáo long is dA chrip?)*
Un boleto a...	One ticket to...	*(uAn tí-ket tu...)*
Sólo ida	One way only	*(uAn uéi óun-lii)*
Ida y vuelta	Round trip	*(räund chrip)*
Pasaporte	Passport	*(päs-port)*

¿Dónde se registra el equipaje?   Where is baggage checking?   *(uér is bä-gAch ché-king?)*

¿A qué hora embarcamos?   When do we board on?   *(uen du uí bord ön?)*

Puerta de salida   Gate   *(géit)*

Registro de equipaje	Baggage check	*(bä-gAch chek)*
Avión	Airplane	*(ér-plein)*
Terminal	Terminal	*(tr-mi-nAl)*
Número de vuelo	Flight number	*(fláit nAm-br)*
Aduana	Customs	*(kAs-tAms)*
¿Está libre este asiento?	Is this seat available?	*(is dis siit ä-véi-lA-bl?)*

Está ocupado	It's taken	*(its téi-ken)*
¿Dónde se retira el equipaje?	Where is baggage claim?	*(uér is bä-gAch kléim?)*
Mi equipaje no ha llegado	My luggage has not arrived	*(mái lA-gAch jas nöt A-ráivd)*
Perdí mi vuelo de conexión	I lost my connecting flight	*(ái löst mái kA-nék-ting fláit)*
Información	Information	*(in-fr-méi-shAn)*
Cancelado	Canceled	*(kän-sAld)*
Retrasado	Delayed	*(di-léid)*

En el hotel

Hotel	Hotel	*(jou-tél)*
¿Tiene habitaciones disponibles?	Do you have available rooms?	*(du iú jäv A-véi-lA-bl rums?)*
Quiero reservar una...	I want to make a reservation for a…	*(ái uánt tu méik A re-sr-véi-shAn for A…)*
Habitación sencilla	Single room	*(sín-gl rum)*
Habitación doble	Double room	*(dA-bl rum)*

Habitación con jacuzzi

Con…	With a…	*(uíz A…)*
Cama individual	Twin bed	*(tuín bed)*
Cama matrimonial	Double bed	*(dA-bl bed)*
Reservé a nombre de…	I made a reservation under the name…	*(ái méid A re-sr-véi-shAn An-dr dA néim…)*
Con cocina	With kitchenette	*(uíz ki-chA-net)*
Desayuno incluido	Breakfast included	*(brék-fAst in-klú-ded)*
Llave	Key	*(kii)*
Televisión por cable	Cable TV	*(kéi-bl tii-vií)*

¿Acepta tarjeta de crédito?   Do you take credit cards?   *(du iú téik kré-dit kards?)*

¿Puedo ver la habitación?   May I see the room?   *(méi ái sii dA rum?)*

La tomo   I'll take it   *(áil téik it)*

¿Se puede colocar una cama adicional?   Is it possible to place an extra bed?   *(is it pö-si-bl tu pléis än éx-chrA bed?)*

¿Se puede colocar una cama adicional?

Por favor, la llave de la habitación 9	Please, room nine's key	*(pliis, rum náins kii)*
No hay agua caliente	There is no hot water	*(der is nou jöt uö-tr)*
El aire acondicionado no funciona	The air conditioner is not working	*(di er kAn-dí-shA-nr is nöt wor-king)*
¿Hay teléfono público?	Is there a public phone?	*(is der A pA-blik fóun?)*
¿Hay mensaje para mí?	Are there any messages for me?	*(ar der é-nii mé-sA-yes for mii?)*
¿Hay correo para mí?	Is there mail for me?	*(is der méil for mii?)*

En el taxi o en el carro alquilado

Carro	Car	*(kör)*
Alquiler de carros	Car rental	*(kör rén-tAl)*
Quiero alquilar un carro por una semana	I want to rent a car for a week	*(ái uánt tu rent A kör for A uiík)*
Quiero asegurarlo a todo riesgo	I want a full coverage insurance	*(ái uánt A ful kA-vr-Ach in-shr-Ans)*
¿Dónde hay una gasolinera?	Where is there a gas station?	*(uér is der A gäs stéi-shAn?)*

¡Taxi!	Taxi!	*(tä-xii!)*
Necesito un taxi a las 3:00	I need a taxi at 3:00	*(ái niid A tä-xii ät zrii)*
Voy a...	I'm going to...	*(áim góu-ing tu...)*
Por favor, deténgase aquí	Please, stop here	*(pliis, stöp jiir)*
¿Cuánto cuesta un taxi al aeropuerto?	How much is a taxi to the airport?	*(jáo mAch is A tä-xii tu di ér-port?)*
Se desinfló un caucho	There is a flat tire	*(der is A flät táir)*
Tome la...	Take the...	*(téik dA...)*

Autopista	Highway	*(jái-uei)*
Avenida	Avenue	*(ä-vA-niu)*
Calle	Street	*(striit)*
Carretera	Road	*(róud)*
En la esquina…	At the corner…	*(ät dA kór-nr…)*
Cruce a la derecha	Turn right	*(trn ráit)*
Cruce a la izquierda	Turn left	*(trn left)*
Siga recto	Go straight	*(góu stréit)*
Deténgase	Stop	*(stöp)*

De paseo y de compras

Disculpe, ¿dónde está…?	Excuse me, where is…?	*(ex-kiús mii, uér is…?)*
¿Está lejos?	Is it far away?	*(is it far A-uéi?)*
Estoy perdido	I'm lost	*(áim löst)*
Estamos perdidos	We're lost	*(uír löst)*

¿Dónde podemos ir?

Where can we go?   *(uér kän uí góu?)*

¿Dónde quieres ir?

Where do you want to go?   *(uér du iú uánt tu góu?)*

LUKE... YO... ¡SOY TU PADRE!

¿Te gustaría...?	Would you like...?	*(wúd iú láik...?)*
¿Qué vas a hacer esta noche?	What are you going to do tonight?	*(uát ar iú góu-ing tu du tu-náit?)*
¿Tienes planes?	Do you have plans?	*(du iú jäv pläns?)*
Será un placer	It will be my pleasure	*(it uíl bii mái plé-shr)*
Pienso ir a...	I'm thinking about going to...	*(áim zín-king A-bäut góu-ing tu...)*
Me gustaría ir al cine	I would like to go to a movie	*(ái wúd láik tu góu tu A mú-vii)*
Me gustaría ir a un espectáculo	I would like to go to a show	*(ái wúd láik tu góu tu A shóu)*
Quiero tres en-tradas para...	I want three tickets for...	*(ái uánt zrii tí-kets for...)*

¿A qué hora es la película?	At what time is the movie?	*(ät uát táim is dA mú-vii?)*
¿A qué hora es la función?	At what time is the show?	*(ät uát táim is dA shóu?)*
Gracias, no fumo	Thank you, I don't smoke	*(zänk iú, ái dóunt smóuk)*

Estoy buscando...	I'm looking for...	*(áim lú-king for...)*
Mercado	Market	*(mör-ket)*
Centro comercial	Shopping mall	*(shö-ping möl)*
Tienda	Store	*(stor)*
¿Cómo se llega?	How can I get there?	*(jáo cän ái get der?)*
¿Tiene un mapa de la ciudad?	Do you have a city map?	*(du iú jäv A sí-ti mäp?)*
¿Me lo puede mostrar en el mapa?	Can you show it to me on the map?	*(kän iú shóu it tu mii ön dA mäp?)*
¿Puede escribirme la dirección?	Could you write down the address?	*(kud iú ráit dáun di ä-yres?)*
¿Es ésta la parada de...?	Is this the stop for...?	*(is dis dA stöp for...?)*

Tren	Train	*(chréin)*
Autobús	Bus	*(bAs)*
Metro	Subway	*(sAb-uei)*
Tranvía	Tram	*(chräm)*
¿Puede decirme cuándo tengo que bajar?	Could you tell me when I have to get off?	*(kud iú tel mii uén ái jäv tu get öf?)*
Quisiera informa-ción sobre…	I would like to have some information about…	*(ái wúd láik tu jäv sAm in-fr-méi-shAn A-bäut…)*
¿Dónde puedo comprar…?	Where can I buy…?	*(uér kän ái bái…?)*
¿Tienen…?	Do you have…?	*(du iú jäv…?)*

(Una lista completa de prendas de vestir puede encontrarse en el apéndice 5 de este libro, en la página 89)

Gracias, sólo estoy mirando	Thank you, I'm just looking	*(zänk iú, áim yAst lú-king)*
Remate	Clearance	*(klí-rAns)*
¿Cuánto cuesta?	How much is it?	*(jáo mAch is it?)*
¿Puedo probármelo?	May I try it on?	*(méi ái chrái it ön?)*

¿Dónde están los probadores?	Where are the fitting rooms?	*(uér ar dA fí-ting rums?)*
¿Lo tiene en otro color?	Do you have it in another color?	*(du iú jäv it in A-nA-dr kA-lr?)*
¿Lo tiene en...?	Do you have it in...?	*(du iú jäv it in...?)*
Blanco	White	*(uáit)*
Negro	Black	*(blak)*
Amarillo	Yellow	*(ié-lou)*
Azul	Blue	*(blu)*
Rojo	Red	*(red)*
Naranja	Orange	*(ó-ranch)*
Verde	Green	*(griin)*
Morado	Purple	*(pr-pl)*
Marrón	Brown	*(bräun)*

¿Tiene una talla más grande?	Do you have it in a bigger size?	*(du iú jäv it in A bí-gr sáis?)*
¿Tiene una talla más pequeña?	Do you have it in a smaller size?	*(du iú jäv it in A smö-lr sáis?)*

Mejor pruebo con una Talla más pequeña

¿Me puede hacer un descuento?	Can you give me a discount?	*(kän iú giv mii A dís-käunt?)*
Está bien, lo llevo	Okay, I'll take it	*(óu-kéi, áil téik it)*
No, no me gusta	No, I don't like it	*(nóu, ái dóunt láik it)*
Lo pensaré	I'll think about it	*(áil zink A-bäut it)*

Es todo, gracias   That's all, thank you   *(däts öl, zänk iú)*

¿Dónde está la caja?   Where is the cashier?   *(uér is dA kä-shiir?)*

¿Cuánto le debo?   How much do I owe you?   *(jáo mAch du ái óu iú?)*

¿Acepta tarjeta de crédito?   Do you take credit cards?   *(du iú téik kré-dit kards?)*

Pagaré en efectivo   I'll pay in cash   *(áil péi in käsh)*

¿Lo puede envolver para regalo?   Can you wrap it as a gift?   *(kän iú rap it äs A gift?)*

¿Me puede dar un recibo?   Can you give me a receipt?   *(kän iú giv mii A ri-síit?)*

Reembolso completo   Full refund   *(ful rií-fAnd)*

Comer y beber

Comer	Eat	*(iit)*
Beber	Drink	*(yrink)*
Agua	Water	*(uö-tr)*
¿Quieres ir a comer algo?	Do you want to go and eat something?	*(du iú uánt tu góu änd iit sAm-zing?)*
Desayuno	Breakfast	*(brék-fAst)*
Almuerzo	Lunch	*(lAnch)*
Cena	Dinner	*(dí-nr)*

¿Vamos a tomar algo?	Do you want to go and drink something?	*(du iú uánt tu góu änd yrink sAm-zing?)*
¿Tomamos un café?	Do you want a cup of coffee?	*(du iú uánt A kAp Af kö-fii?)*
No tengo mucha hambre	I'm not that hungry	*(áim nöt dät jAn-grii)*
Tengo mucha hambre	I'm very hungry	*(áim vé-ri jAn-gri)*
Una mesa para seis, por favor	A table for six, please	*(A téi-bl for six, pliis)*
Reservé a nombre de...	I made a reservation under the name...	*(ái méid A re-sr-véi-shAn An-dr dA néim...)*
¡Camarero!	Waiter!	*(uéi-tr!)*
La carta, por favor	The menu, please	*(dA mé-niu, pliis)*

¿Qué nos reco-mienda?	What do you recommend?	*(uát du iú re-kA-mend?)*
¿Cuál es el plato del día?	What is the dish of the day?	*(uát is dA dish Af dA déi?)*
¿Qué vas a tomar?	What are you going to drink?	*(uát ar iú góu-ing tu yrink?)*
Sólo agua, por favor	Just water, please	*(yAst uö-tr, pliis)*
Una botella de vino tinto	A bottle of red wine	*(A bö-tl Af red uáin)*

Vino blanco	White wine	*(uáit uáin)*
Cerveza	Beer	*(biir)*
Jugo	Juice	*(yus)*
Refresco	Soda	*(sóu-da)*
Café	Coffee	*(kö-fii)*
Té	Tea	*(tii)*
¡Buen provecho!	Enjoy your meal!	*(en-yói iór miil!)*
¡Salud!	Cheers!	*(chiirs!)*
¡Está delicioso!	It's delicious!	*(its dA-lí-shAs!)*
Para mí lo mismo	The same for me	*(dA séim for mii)*
Yo quiero…	I want…	*(ái uánt…)*
Pescado	Fish	*(fish)*

Carne	Meat	*(miit)*
Pollo	Chicken	*(chí-ken)*
Pavo	Turkey	*(tr-ki)*

Pato	Duck	*(dAk)*
Cerdo	Pork	*(pork)*
Chocolate	Chocolate	*(chö-kA-let)*
Pan	Bread	*(bred)*
Huevos fritos	Fried eggs	*(fráid egs)*
Sopa	Soup	*(sup)*
Crema	Cream	*(kriim)*
Galleta	Cookie	*(kú-ki)*
Pero…	But…	*(bAt…)*
Fresco	Fresh	*(fresh)*
Frito	Fried	*(fráid)*
A la plancha	Grilled	*(grild)*
Caliente	Hot	*(jöt)*

Frío	Cold	*(kóuld)*
Con…	With…	*(uíz…)*
Papas fritas	French fries	*(french fráis)*
Arroz	Rice	*(ráis)*
Leche	Milk	*(milk)*
Cebolla	Onion	*(A-niAn)*
Queso	Cheese	*(chiis)*
Mantequilla	Butter	*(bA-tr)*
Limón	Lime	*(láim)*
Pero sin…	But without…	*(bAt uiz-áut…)*
Ajo	Garlic	*(gár-lik)*
Tocineta	Bacon	*(béi-kAn)*

Grasa	Fat - grease	*(fät - griis)*
Aceite	Oil	*(óil)*
Pimienta	Pepper	*(pé-pr)*
Sal	Salt	*(sölt)*
Azúcar	Sugar	*(shú-gr)*
Picante	Spicy	*(spái-si)*
No tengo…	I don't have a…	*(ái dóunt jäv A…)*
Plato	Plate	*(pléit)*
Cuchara	Spoon	*(spun)*
Tenedor	Fork	*(fork)*
Cuchillo	Knife	*(náif)*
Cucharilla	Coffee spoon	*(kö-fii spun)*
¡Come más!	Eat more!	*(iit mor!)*

¿Estás lleno(a)?	Are you full?	*(ar iú ful?)*
Estoy lleno(a)	I'm full	*(áim ful)*
No estoy lleno(a)	I'm not full	*(áim nöt ful)*
¿Qué tiene de postre?	What do you have for dessert?	*(uát du iú jäv for di-sért?)*
La cuenta, por favor	Check, please	*(chek, pliis)*
¿Cuánto le debo?	How much do I owe you?	*(jáo mAch du ái óu iú?)*
Yo pago	I'll pay	*(áil péi)*
¿Estás ebrio?	Are you drunk?	*(ar iú drAnk?)*

Estoy sobrio	I'm sober	*(áim sóu-br)*
Estoy ebrio	I'm drunk	*(áim drAnk)*
Ayer comí mucho	I ate too much yesterday	*(ái éit tu mAch iés-tr-dei)*
Ayer bebí mucho	I drank too much yesterday	*(ái dränk tu mAch iés-tr-dei)*
Mal del estómago	Stomach ache	*(stA-mAk éik)*
Resaca - ratón	Hangover	*(jän-ou-vr)*

Hablar por teléfono

¡Aló!	Hello!	*(je-lóu!)*
Quisiera hablar con…	I would like to talk to…	*(ái wúd láik tu tök tu…)*
De parte de…	It's…	*(its…)*
¿De parte de quién?	Who's this?	*(jus dis?)*

Manolo, te llamo
por la cortadora de césped

¡¡ Pues, hombre, se escucha
de maravilla !!

Un momento, por favor	One moment, please	*(uán móu-ment, pliis)*
Se lo paso	I'll put him on	*(áil put jim ön)*
Se la paso	I'll put her on	*(áil put jr ön)*
Salió	He / she is out	*(jii / shii is áut)*
Regresa en una hora	He / she will be back in an hour	*(jii / shii uíl bii bäk in än ä-ur)*
¿Puede decirle que lo/la llamé?	Could you tell him / her I called?	*(kud iú tel jim / jr ái köld?)*
Mi nombre es…	My name is…	*(mái néim is…)*
Mi teléfono es…	My phone number is…	*(mái foún nAm-br is…)*
Llamaré más tarde	I'll call later	*(áil köl léi-tr)*
Gracias, adiós	Thank you, goodbye	*(zänk iú, gud-bái)*
La línea está ocupada	Busy line	*(bí-si láin)*

Nadie contesta   Nobody answers   *(nóu-bA-di än-srs)*

Mala recepción   Bad signal   *(bäd síg-nAl)*

No hay cobertura   No signal   *(nóu síg-nAl)*

¿Puedo cargar   Can I charge my   *(kän ái charch mái*
mi celular aquí?   cell phone here?   *sel fóun jiir?)*

Deportes y "hobbies"

Me gusta…	I like…	*(ái láik…)*
Mi "hobby" es…	My hobby is…	*(mái jö-bii is…)*
¿Dan clases de…?	Do you give… lessons?	*(du iú giv… lé-sAns?)*
¿Jugamos una partida de…?	Do you want to play a game of…?	*(du iú uänt tu pléi A géim Af…?)*
Fútbol	Soccer	*(sö-kr)*
Béisbol	Baseball	*(béis-böl)*
Baloncesto	Basketball	*(bäs-ket-böl)*
Rugby	Rugby	*(rAg-bi)*
Voleibol	Volleyball	*(vö-li-böl)*
Tenis	Tennis	*(té-nis)*
Ajedrez	Chess	*(ches)*

Cartas	Cards	*(kards)*
¿Dónde puedo alquilar...?	Where can I rent...?	*(uér kän ái rent...?)*
Quisiera alquilar...	I would like to rent...	*(ái wúd láik tu rent...)*
Bicicleta de montaña	Mountain bike	*(mäun-tAn báik)*
Bicicleta de paseo	Stroll bike	*(strol báik)*
Pelota	Ball	*(böl)*
¿Hay alguna piscina?	Is there a pool?	*(is der A pul?)*
¿Podemos nadar en el mar?	Can we swim in the ocean?	*(cän uí suím in di óu-shAn?)*

Salud

¿Estás herido?	Are you hurt?	*(ar iú jrt?)*
¿Necesitas ayuda?	Do you need help?	*(du iú niid jelp?)*
¡Ayúdenme!	Help me!	*(jelp mii!)*
Estoy bien	I'm fine	*(áim fáin)*
Tengo que ir al médico	I have to see a doctor	*(ái jäv tu sii A dök-tr)*
¿Dónde puedo encontrar un médico?	Where can I find a doctor?	*(uér kän ái fáind A dök-tr?)*
Quisiera pedir cita para hoy	I would like an appointment for today	*(ái wúd láik an A-póint-ment for tu-déi)*
¿Podría llamar una ambulancia?	Could you call an ambulance?	*(kud iú köl an äm-biu-lAns?)*
Lo antes posible	As soon as possible	*(äs sun äs pö-si-bl)*
Es grave	It's serious	*(its sí-ri-As)*

No es grave	It's not serious	*(its nöt sí-ri-As)*
Es urgente	It's urgent	*(its r-yent)*
No es urgente	It's not urgent	*(its nöt r-yent)*
Me siento débil	I feel weak	*(ái fiil uiik)*
No sé qué me pasa	I don't know what's wrong with me	*(ái dóunt nóu uáts röng uíz mii)*
Me duele	It hurts	*(it jrts)*

¿Te duele?

Mi cabeza	My head	*(mái jed)*
Mi estómago	My stomach	*(mái stA-mAk)*
Mi espalda	My back	*(mái bak)*
Mi garganta	My throat	*(mái zróut)*
Me duele aquí	It hurts here	*(it jrts jiir)*
Estoy mareado	I feel dizzy	*(ái fiil dí-si)*
Me pica	It itches	*(it í-ches)*
Tengo fiebre	I have a fever	*(ái jäv A fí-vr)*
Estoy peor	I'm worsening	*(áim uór-se-ning)*
¿Es grave?	Is it serious?	*(is it sí-ri-As?)*
¿Es contagioso?	Is it contagious?	*(is it kAn-téi-yAs?)*

¿Qué debo hacer?	What should I do?	*(uát shud ái du?)*
Tengo un resfriado	I've got a cold	*(áiv göt A kold)*
Tos	Cough	*(köf)*
Alergia	Allergy	*(ä-lr-yi)*
Soy alérgico	I'm allergic	*(áim A-lr-yik)*
Intoxicación	Intoxication	*(in-tö-xi-kéi-shAn)*

Necesito…	I need…	*(ái niid…)*
Aspirina	Aspirin	*(äs-prin)*
Pastilla	Pill	*(pil)*
Pomada	Cream	*(kriim)*
Rayos X	X Rays	*(eks réis)*

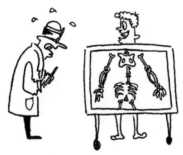

Vomitar	To vomit / throw up	*(tu vö-mit / zróu Ap)*
Ten cuidado	Be careful	*(bii kér-fl)*
Peligro	Danger	*(déin-yr)*
Es peligroso	It's dangerous	*(its déin-yr-As)*

Expresando emociones

¡Dios mío!	Oh, my God!	*(óu, mái Göd!)*
¡Jesucristo!	Jesus Christ!	*(Jí-sAs Kráist!)*
¡Santa Madre de Dios!	Holy Mother of God!	*(jóu-li MA-dr Af Göd!)*
¡Estoy muy feliz!	I'm very happy!	*(áim vé-ri jä-pi!)*
¡Estoy preocupado!	I'm worried!	*(áim wú-rid!)*
¡Estoy en problemas!	I'm in trouble!	*(áim in chrA-bl!)*
¿Qué ocurre?	What's wrong?	*(uáts röng?)*
¡Me pone nervioso!	It gets me nervous!	*(it gets mii nr-vAs!)*
¡Hay demasiada gente!	There are too many people!	*(der ar tu mé-ni pí-pl!)*
¡Peligro!	Danger!	*(déin-yr!)*
¡Cuidado!	Watch out!	*(uách áut!)*

¡Socorro!	Help!	*(jelp!)*
¡Lo siento!	I'm sorry!	*(áim sö-ri!)*
¡Déjame en paz!	Leave me alone!	*(liiv mii A-lóun!)*
¡Es magnífico!	It's wonderful!	*(its uAn-dr-fl!)*

¡Es muy caro!	It's too expensive!	*(its tu ex-pén-siv!)*
¡Es muy barato!	It's too cheap!	*(its tu chiip!)*
¡Corre!	Run!	*(rAn!)*
¡Vámonos de aquí!	Let's get out of here!	*(lets get äut Af jiir!)*

El lenguaje del amor

Quiero conocerte	I want to meet you	*(ái uánt tu miit iú)*
Amor a primera vista	Love at first sight	*(lAv ät frst sáit)*
Eres linda(o)	You're pretty	*(iór prí-ti)*
Eres hermosa(o)	You're beautiful	*(iór biú-ti-fl)*
Eres encanta-dora(dor)	You're charming	*(iór chár-ming)*
Tienes lindos ojos	You have beautiful eyes	*(iú jäv biú-ti-fl áiis)*
Quiero conocerte mejor	I want to know more about you	*(ái uánt tu nóu mor A-bäut iú)*
¿Quieres bailar?	Do you want to dance?	*(du iú uánt tu däns?)*

Acompáñame	Come with me	*(kAm uíz mii)*
Te espero	I'll wait for you	*(áil uéit for iú)*
¿Tienes...?	Do you have a...?	*(du iú jäv A...?)*
Tengo...	I have a...	*(ái jäv A...)*
No tengo...	I don't have a...	*(ái dóunt jäv A...)*
Novio	Fiancée	*(fi-ön-sé)*
Novia	Fiancée	*(fi-ön-sé)*
Esposo	Husband	*(jAs-bAnd)*
Esposa	Wife	*(uáif)*
Me gustas	I like you	*(ái láik iú)*
Estoy loco por ti	I'm crazy about you	*(áim kréi-si A-bäut iú)*
Acércate	Get close to me	*(get klóus tu mii)*
Acércate más	Get closer	*(get klóu-sr)*
Dame un beso	Give me a kiss	*(giv mii A kis)*

Dame un abrazo	Give me a hug	*(giv mii A jAg)*
Te necesito	I need you	*(ái niid iú)*
Te extraño	I miss you	*(ái mis iú)*
Te amo	I love you	*(ái lAv iú)*

¡No puedo vivir sin ti!	I can't live without you!	*(ái känt liv uiz-áut iú!)*
¡Cásate conmigo!	Marry me!	*(mé-ri mii!)*
¡Casémonos!	Let's get married!	*(lets get mé-rid!)*

NO TRAJE EL DISCO DEL VALS... ¡SÓLO TRAJE REGGETÓN!

Apéndice 1
Números cardinales

0	Zero	*(sí-rou)*
1	One	*(uán)*
2	Two	*(tu)*
3	Three	*(zrii)*
4	For	*(for)*
5	Five	*(fáiv)*
6	Six	*(six)*
7	Seven	*(sé-ven)*
8	Eight	*(éit)*
9	Nine	*(náin)*
10	Ten	*(ten)*
11	Eleven	*(i-lé-ven)*
12	Twelve	*(tuelv)*
13	Thirteen	*(zr-tiin)*
14	Fourteen	*(fór-tiin)*
15	Fifteen	*(fíf-tiin)*
16	Sixteen	*(síx-tiin)*
17	Seventeen	*(sé-ven-tiin)*
18	Eighteen	*(éi-tiin)*
19	Nineteen	*(náin-tiin)*
20	Twenty	*(tuén-ti)*
21	Twenty one	*(tuén-ti uán)*
22	Twenty two	*(tuén-ti tu)*
23	Twenty three	*(tuén-ti zrii)*

30	Thirty	*(zr-ti)*
40	Forty	*(fór-ti)*
50	Fifty	*(fíf-ti)*
60	Sixty	*(síx-ti)*
70	Seventy	*(sé-ven-ti)*
80	Eighty	*(éi-ti)*
90	Ninety	*(náin-ti)*
100	One hundred	*(uán jAn-yred)*
101	One hundred and one	*(uán jAn-yred änd uán)*
110	One hundred and ten	*(uán jAn-yred änd ten)*
200	Two hundred	*(tu jAn-yred)*
500	Five hundred	*(fáiv jAn-yred)*
1.000	One thousand	*(uAn zäu-sAnd)*
2.000	Two thousand	*(tu zäu-sAnd)*
10.000	Ten thousand	*(ten zäu-sAnd)*
1.000.000	One million	*(uán mí-liAn)*
1.000.000.000	One billion	*(uán bí-liAn)*

Apéndice 2
Números ordinales

Primero	First	*(frst)*
Segundo	Second	*(sé-kAnd)*
Tercero	Third	*(zrd)*
Cuarto	Fourth	*(forz)*
Quinto	Fifth	*(fifz)*
Sexto	Sixth	*(sixz)*
Séptimo	Seventh	*(sé-venz)*
Octavo	Eighth	*(éiz)*
Noveno	Ninth	*(náinz)*
Décimo	Tenth	*(tenz)*
Décimo primero	Eleventh	*(i-lé-venz)*
Décimo segundo	Twelfth	*(tuelvz)*
Vigésimo	Twentieth	*(tuén-ti-ez)*

Apéndice 3
Días de la semana

Lunes	Monday	*(mAn-dei)*
Martes	Tuesday	*(tiús-dei)*
Miércoles	Wednesday	*(uéns-dei)*
Jueves	Thursday	*(zrs-dei)*
Viernes	Friday	*(frái-dei)*
Sábado	Saturday	*(sä-tr-dei)*
Domingo	Sunday	*(sAn-dei)*

Apéndice 4
Meses del año

Enero	January	*(yä-niu-e-ri)*
Febrero	February	*(fé-biu-e-ri)*
Marzo	March	*(mörch)*
Abril	April	*(éi-prl)*
Mayo	May	*(méi)*
Junio	June	*(yun)*
Julio	July	*(yu-lái)*
Agosto	August	*(ö-gAst)*
Septiembre	September	*(sep-tém-br)*
Octubre	October	*(ok-tóu-br)*
Noviembre	November	*(nou-vém-br)*
Diciembre	December	*(di-sém-br)*

Apéndice 5
Prendas de vestir

Anillo	Ring	*(ring)*
Blusa	Blouse	*(bläus)*
Bufanda	Scarf	*(skörf)*
Calcetines	Socks	*(söks)*
Camisa	Shirt	*(shrt)*
Collar	Necklace	*(nék-lAs)*
Corbata	Tie	*(tái)*
Correa / cinturón	Belt	*(belt)*
Chaqueta	Jacket	*(yä-ket)*
Franela	T-shirt	*(tií-shrt)*
Medias para damas	Pantihose	*(pän-ti-jous)*
Pantalones	Pants	*(pänts)*
Reloj	Watch	*(uách)*
Ropa interior	Underwear	*(An-dr-uer)*
Sobretodo	Overall	*(oú-vr-öl)*
Sombrero	Hat	*(jät)*
Traje (flux)	Suit	*(sut)*
Suéter	Sweater	*(sué-tr)*
Vestido	Dress	*(yres)*
Zapatos	Shoes	*(shus)*
Zarcillo	Earring	*(iir-ring)*